Individuelles Koordinationstraining. Erstellung eines Trainingsplans zur Förderung des Gleichgewichts und Verbesserung der Beweglichkeit der Beinmuskulatur

Alisa Demirovski

Bibliografische Information der Deutschen Nationalbibliothek:

Die Deutsche Nationalbibliothek verzeichnet diese Publikation in der Deutschen Nationalbibliografie; detaillierte bibliografische Daten sind im Internet über http://dnb.d-nb.de abrufbar.

ISBN: 9783346374400
Dieses Buch ist auch als E-Book erhältlich.

Druck und Bindung: Books on Demand GmbH, Norderstedt Germany
Gedruckt auf säurefreiem Papier aus verantwortungsvollen Quellen

Das vorliegende Werk wurde sorgfältig erarbeitet. Dennoch übernehmen Autoren und Verlag für die Richtigkeit von Angaben, Hinweisen, Links und Ratschlägen sowie eventuelle Druckfehler keine Haftung.

Das Buch bei GRIN: https://www.grin.com/document/1001050

Deutsche Hochschule für

Prävention und Gesundheitsmanagement

Hermann Neuberger Sportschule 3

66123 Saarbrücken

Einsendeaufgabe

Fachmodul: Trainingslehre III

Studiengang: Gesundheitsmanagement

Datum
Präsenzphase **7.09.2020-09.09.2020**

Name, Vorname: Demirovski, Alisa

Studienort: **Düsseldorf**

Semester: **Wintersemester 2018**

Inhaltsverzeichnis

1 Diagnose

Um ein Koordinationstraining im Sinne des Gleichgewichtes, sowie ein Beweglichkeitstraining zu gestalten, sind die individuellen Personendaten erforderlich.

1.1 Die Personendaten

Tab.1: Die Biometrischen Daten (eigene Darstellung)

Personendaten	
Alter	45 Jahre
Geschlecht	Männlich
Körpergröße	175 cm
Körpergewicht	90 kg
Body- Mass- Index	90 kg / 1,75 m / 1,75m = 29,4
Körperfettanteil	25 Prozent
Beruf	Bürokaufmann
Sportliche Tätigkeiten	Fußballtraining 2 mal die Woche jeweils 90 min
Trainingsmotiv	Förderung des Gleichgewichts, Verbesserung der Beweglichkeit der Beinmuskulatur
Zeitliche Verfügung	2 mal Wöchentlich jeweils 45 bis 60 Minuten
Puls	80 Schläge/ Minute
Blutdruck	140/90 mmHg
Medikamenten Einnahme	Blutdrucksenker
Sonstige Einschränkung	Bluthochdruck, Gleichgewichtsstörungen

Tab. 2: Tabellarische Einteilung des Body-Mass-Index nach WHO (modifiziert nach Bohlen et al. 2014, S.417)

Einteilung	BMI (kg/m2)
Untergewicht	<18,5
Starkes Untergewicht	<16,0
Mäßiges Untergewicht	16,0–16,9
Mildes Untergewicht	17,0–18,4
Normalgewicht	18,5–24,9
Übergewicht	≥25,0
Grenzwertig	25,0–29,9
Adipositas	≥30,0
Klasse I	30,0–34,9
Klasse II	35,0–39,9
Klasse III	≥40,0

Tab. 3: Definition und Klassifikation der Blutdruckwerte (nach Croci, 2020)

	Systolisch (mmHg)	Diastolisch (mmHg)
Optimal	< 120	<80
normal	120-129	80-84
hochnormal	130-139	85-89
Hypertonie Grad 1	140-149	90-99
Hypertonie Grad 2	160-179	100-109
Hypertonie Grad 3	>= 180	>=110
Isolierte systolische Hypertonie	>= 140	>90

Tab. 4: Die Puls Normalwerte nach Alter (nach Croci, 2019)

Alter	Pulsschläge pro Minute
0 Jahre	140
2 Jahre	120
4 Jahre	100
10 Jahre	90
14 Jahre	85
Erwachsene	60-80
Senioren	80-85

Tab. 5: Körperfettanteil von Frauen und Männer von Erwachsenen bis 79 Jahren (Gallagher et al., 2000)

Alter Jahren	Kfa Frauen				Kfa Männer			
	Niedrig	Normal	Hoch	Sehr Hoch	Niedrig	Normal	Hoch	Sehr Hoch
20-39	< 21%	21-33%	33-39%	<39%	>8%	8-20%	20-25%	<25
40-59	<23%	23-34%	34-40%	<40%	>11%	11-22%	22-28%	<28
60-79	<24%	24-36%	36-42%	<42%	>13%	13-25%	25-30%	<30

2 Die Beweglichkeit Testung

2.1 Darstellung des Beweglichkeitstest nach Janda

Der Proband wird den manuellen Beweglichkeitstest nach Janda, 2000 durchführen.

Es werden jeweils die Muskelgruppen M. pectoralis Major, M. iliopsoas, M. rectus femoris, Mm. ischiocrurales sowie Mm. triceps surae getestet. Bei der Testung des M.

pectoralis major nimmt der Proband eine liegende Position auf einer Liege ein. Zur fixierung des Beckens werden die Beine im 90 Grad Winkel auf der Liege angewinkelt. Nun fixiert der Tester den Brustkorb auf der Liege. Der Arm der getestet wird, wird in 90 Grad Winkel von der Liege in Richtung horizontale nach außenrotiert. Wichtig ist, dass während der Testung kein Hohlkreuzung gebildet wird und der Brustkorb nicht von der Liege abhebt. Die Testauswertung geschieht über eine drei Stufenskala. Bei der ersten Stufe, herrschen keine Beweglichkeitsdefizite, denn der Proband erreicht die Horizontale und durch Druck des Tester rotiert der Arm noch ein wenig weiter. Bei der zweiten Stufe, herrschen leichte Beweglichkeitsdefizite, denn der Proband erreicht nur die Horizontale durch den Druck des Testers. Bei der dritten herrschen Beweglichkeitsdefizite, denn der Proband erreicht die Horizontale auch mit dem Druck des Testers nicht.

Bei der Testung des M. iliopsoas nimmt der Proband wieder eine liegende Position auf einer Liege ein, wobei das Gesäß das Ende der Liege berührt. Nun winkelt der Proband ein Bein maximal zum Körper heran und umschließt es mit seinen Händen, währenddessen das andere Bein im Überhang ist. Hierbei wird die Messung über die Position des Oberschenkels im Verhältnis zu Körperlängsachse gemessen. Wichtig ist, dass es zu keinem anheben des Beckens kommt, sowie zu keiner Hyperlordose im Lendenwirbelbereich. Diese Testung geschieht auch über eine drei Stufenskala, werden keine Bewegungsdefizite festgestellt, so erreicht der Proband die Horizontale und durch leichten Druck des Tester noch weiter. Bei der zweiten Stufe herrschen leichte Defizite, denn der Proband erreicht die Horizontale nur durch Druck vom Tester. In der letzten Stufe, wird die Horizontale nicht erreicht auch nicht durch Druck vom Tester, dies sind dann deutliche Bewegungsdefizite. Bei dem M. rectus femoris nimmt der Proband die gleiche liegende Position mit dem angewinkelten Bein in Richtung Körpermitte, wie beim M. iliopsoas ein. Nun wird aber das Bein gemessen was im Überhang ist. Das getestete Bein wird in maximaler Hüftextensionswinkel vom Tester fixiert und in einer maximalen Kniebeugewinkel angewinkelt. Der Winkel zwischen Oberschenkel und Unterschenkel ist der Messbereich. Zu beachten sind die gleichen Sachen, wie beim M. iliopspas. Die Testung wird wieder über eine drei Stufenskala ausgerechnet.

Stufe eins, es sind keine Bewegungsdefizite zuerkennen, denn der Unterschenkel hängt senkrecht herab und durch den Tester kann die Kniebeugung weiter vergrößert werden. Bei der Stufe zwei erreicht der Proband, die 90 Grad Kniebeugung nur durch den Druck des Testers und es herrschen leichte Defizite. Deutliche Bewegungsdefizite sind im Punkt drei, denn die 90 Grad Kniebeugung werden auch durch den Druck des Testers nicht erreicht. Bei der Testdurchführung des Mm. ischiorurales liegt der Proband in Rückenlagen auf einer Liege. Das nicht getestete Bein wird in einem 90 Grad Winkel vom Kniegelenk und vom Hüftgelenkt gebeugt, dass andere Bein wird vom Tester in die maximale Hüftflexion gestreckt. Der Messbereich ist der Winkel zwischen Beinachse und Hüftbeugewinkel. Zu beachten ist, dass es zu keiner Anhebung des Beckens und des Lendenwirbelbereiches kommt. Diese Testung geschieht wieder über eine drei Stufenskala. Kommt es zu einer Flexion im Hüftgelenks im 90 Grad Winkel, sind keine Bewegungsdefizite vorhanden. Kommt es zu einer 80 bis 90 Grad, liegt die Stufe bei einer leichten Bewegungsdefizit. Ist die Flexion unter 80 Grad, befindet sich die Stufe im deutlichen Bewegungsdefizit. Der Mm.tricps surae ist die letzte getestet Muskulatur. Der Proband liegt in der gleichen Position wie bei der M. ischiorurales, je doch ragt das getestete Bein gestreckt über der Liege hinaus. Der Tester greift mit einer Hand distal am Fersenbein, die andere Hand greift die Fußaußenseite. Nun zieht der Tester distalwärts an der Ferse und mit der anderen Hand richtet er den Fuß mit leichtem Druck des Daumens am äußeren Fußrand zum Schienbein hin, wodurch eine leichte Dorsalextension geschieht. Danach wird das Kniegelenk gebeugt und der Tester versucht die Bewegung zu vergrößern. Die Testung geschieht wieder über eine drei Stufenskala. Ist eine Dorsalextension bis zur 0 Grad Stellung möglich sind keine Bewegungsdefizite. Wird eine Dorsalextension erreicht, aber keine O Grad Stellung sind es leichte Defizite. In der letzten Stufe, sind deutliche Defizite zu erkennen, denn eine Dorsalextension ist nur bis 10 Grad Stellung möglich.

2.1.1   Beweglichkeitstest

Tab.6: Die Beweglichkeitstestung nach Janda (eigene Darstellung)

Testübung	Bewertung	Ergebnis
M. pectorlis major	Stufe 0= Oberarm erreicht die Horizontale Stufe 1= Oberarm erreicht die Horizontal durch den Druck des Testers Stufe 2= Oberarm erreicht die Horizontale auch nicht durch den Druck des Testers nicht	Rechts: 1 Links: 1
M. iliopsoas	Stufe 0= Oberschenkel erreicht die Horizontale Stufe 1= Oberschenkel erreicht die Horizontale durch Druck des Testers Stufe 2= Oberschenkel erreicht die Horizontale auch durch Druck des Testers nicht	Rechts: 2 Links: 2
M. rectus femoris	Stufe 0= Unterschenkel hängt senkrecht herab Stufe 1= Unterschenkel erreicht 90 Grad im Kniegelenk durch Druck des Testers Stufe 2= Unterschenkel erreicht 90 Grad im Kniegelenk auch durch Druck des Testers nicht	Rechts: 2 Links:2

Mm. ischiorurales	Stufe 0= Hüftflexion von 90 Grad möglich Stufe 1= Hüftflexion im Ausmaß zwischen 80-90 Grad möglich Stufe 2= Hüftflexion nur unter 80 Grad möglich	Rechts: 2 Links : 2
Mm. triceps surae	Stufe 0= Dorsalextension bis 0 Grad möglich Stufe 1= Dorsalextension möglich, 0 Grad wird nicht ganz erreicht Stufe 2= Dorsalextension nur bis 10 Grad unter 0 Grad Stellung	Rechts: 0 Links : 0

2.1.2   Auswertung der Testergebnisse

Im Testverlauf durchfuhr der Proband 5 verschiedene Beweglichkeitsübungen.

Durch diesen Beweglichkeitstest ist zuerkennen, dass der Proband deutliche Defizite in der Oberschenkelmuskulatur, in der Unterschenkelmuskulatur sowie in der Hüftflexion hat. Diese stark eingeschränkte Beweglichkeit lässt sich an dem Fußballtraining und dem Bürojob des Probanden festhalten. Außerdem hat der Proband eine leichte eingeschränkte Beweglichkeit im M. pectoralis major, dies sind die folgen seines Bürojob, wo der Proband in einer zusammengefallenen Haltung sitzt. Der Mm. Triceps surae zeigt keine Defizite.

3   Trainingsplanung Beweglichkeitstraining

3.1 Die Trainingsübungen

Übung 1:

Muskulatur: oberer Trapezmuskel

Arbeitsweise: statisch

Dehnform: passiv

Arbeitsausführung: Man setzt sich locker aufrecht hin. Der Rücken ist gerade. Verschränke die Hände hinter dem Kopf. Nahe dem Scheitelpunkt. Ziehe den Kopf leicht gerade nach vorne und versuch, das Kinn auf die Brust zu bringen.

Übung 2:

Muskulatur: großer Brustmuskel, vorderer Deltamuskel, kleiner Brustmuskel, Bizeps

Arbeitsweise: dynamisch

Dehnform : passiv

Arbeitsausführung: Man setzt sich aufrecht auf einer Matte auf dem Boden. Die Beine sind lang ausgestreckt nach vorne. Die Handflächen sind ca. 30 cm hinter dem Rücken auf der Höhe der Hüfte auf dem Boden. Man lehnt sich nach hinten in Richtung Boden und wieder nach vorne in rhythmischen Bewegungen. Die Arme bleiben dabei gestreckt.

Übung 3:

Muskulatur : großer Rückenmuskel, äußerer schräger Bauchmuskel

Arbeitsweise: dynamisch

Dehnform: passiv

Arbeitsausführung: Die Übung wird auf der rechten und auf der linken Seite ausgeführt. Man stellt sich im Schulterbreitenstand aufrecht hin. Die Arme werden nach oben gestreckt. Als nächstes greift man die rechte Hand die linke Hand und ziehst mit leichtem Druck diese zur rechten Seite. Wenn man in der Dehnung ist versucht man bei jedem Ausatmen die Streckung weiter zu bringen. Anschließend die andere Seite

Übung 4:

Muskulatur: Trizeps

Arbeitsweise: statisch

Dehnform: passiv

Arbeitsausführung:Die Übung wird auf der rechten und auf der linken Seite ausgeführt. Man steht aufrecht im Schulterbreitenstand. Die Knie sind leicht gebeugt. Der rechte Arm wird nach oben hinter dem Kopf angehoben, so dass die Hand zwischen den Schulterblättern ist. Die linke Hand fasst den rechten Ellenbogen an und zieht ihn in Richtung linker Schulter nach unten. Der Kopf bleibt während der Übung in Verlängerung der Wirbelsäule.

Übung 5:

Muskulatur: großer Brustmuskel

Arbeitsweise: statisch

Dehnform: aktiv

Arbeitsausführung: Arme seitlich neben den Schultern halten. Die Ellenbogen sind leicht gebeugt. Die Schulterblätter leicht zusammen ziehen den Rücken und die Schultern anspannen, um die Arme so weit wie möglich nach hinten zu führen.

Übung. 6:

Muskulatur: vierköpfiger Oberschenkelmuskel

Arbeitsweise: statisch

Dehnform: passiv

Arbeitsausführung: Die Übung wird auf der rechten und auf der linken Seite ausgeführt

Man stellt sich im Schulterbreitenstand aufrecht hin. Die Knie sind leicht angewinkelt.

Man hält während der ganzen Dehnübung mit der linken Hand an der Wand fest.

Umfasse mit der rechten Hand das rechte Schienbein am untersten Ende und ziehe die Ferse in Richtung Gesäß. Dabei wird die Hüfte leicht nach vorne geschoben, aber die Oberschenkel sind parallel zueinander.

Übung 7:

Muskulatur: zweiköpfiger Oberschenkelmuskel

Arbeitsweise: dynamisch

Dehnform: passiv

Arbeitsausführung: Man sitzt auf dem Boden. Die Beine sind nach vorne gestreckt

Man versucht mit rhythmischen Bewegungen die Fußspitzen zu erreichen. Dabei wird der Körper nach vorne geneigt.

Übung 8:

Muskulatur: große Gesäßmuskulatur, zweiköpfiger Oberschenkelmuskel

Arbeitsweise: statisch

Dehnform: passiv

Arbeitsausführung: Die Übung wird auf der rechten sowie auf der linken Seite ausge-führt. Man stellt sich aufrecht gegen eine Wand. Das rechte Bein wird nach oben ange-winkelt und mit den Händen am Schienbein umschließt. Das Bein wird mit leichter Spannung zum Körper gezogen.

Übung 9:

Muskulatur: adduktor

Arbeitsweise: dynamisch

Dehnform: aktiv

Arbeitsausführung: Man sitzt aufrecht auf dem Boden. Beide Füße (Fußsohle) werden aneinander gedrückt. Die Knie werden ohne Hilfe der Arme oder Ellenbogen in ständi-

gen Wechsel mit rhythmischen Bewegungen leicht nach unten gezogen und wieder los-
gelassen.

Übung 10:

Muskulatur: zweiköpfiger Oberschenkelmuskel, Rückenstrecker, dreiköpfiger Waden-
muskel, großer Gesäßmuskel

Arbeitsweise: dynamisch

Dehnform: passiv

Arbeitsausführung: Man steht aufrecht. Die Beine sind gestreckt. Beuge den Körper
nach vorne in rhythmischen puffernden Bewegung in Richtung des Boden. Sollten die
Hände den Boden berühren, umschließe die Arme um die unteren Beine und beuge den
Körper weiter nach vorne.

3.1.1   Detailplanung des Dehnprogramm

Die Übungsauswahl wurde in Abhängigkeit der Personendaten ausgewählt, weshalb der
Beweglichkeitsschwerpunkt auf der Beinmuskulatur liegt. Die Trainingshäufigkeit besteht aus dem zeitlichen Verfügungsrahmen des Probanden, welches bei drei Trainingstagen pro Woche ist. Auf jeden Dehnungstag folgt mindestens ein Tag zum Ausgleichen.

Die Belastungsdauer beim aktiv statischen Dehnen liegt bei 10 bis 30 sekunden, „nach
einer willkürlichen Anspannung von 10-30s erfolgt unmittelbar eine Entspannung"
(Neumann, Hottenrott, 2010, S.212).

„Passives Dehnen wird auch als „Dauerdehnen" statisch angewandt oder dynamisch als
postisometrische Relaxation (PIR) bzw. Contract-Hold-RelaxStretching (CHRS-Metho-
de) bezeichnet. Nach einer willkürlichen isometrischen Anspannung (7–10s) erfolgen
unmittelbar eine Entspannung (2–5s) und anschließend eine intensive Dehnung (10–
30s)"(Wiemann & Klee, 2000, S.37-41). „Beim aktiv-dynamischen Dehnen werden
mehrfache Federbewegungen (ca.10–15s) durchgeführt und dadurch relativ starke Deh-
nungsreiz" (Güllich & Krüger, 2013 ,S.482). Die Dehnwiederholung liegt bei höchsten
drei Dehnwiederholungen, denn bis zur fünf Dehnwiederholung steigt die Dehnungs-
reichweite nicht mehr. Die Dehnintensität liegt bei dem Gefühl leicht bis stark, ange-
nehm ziehend.

4 Koordinationstraining

4.1 Das Gleichgewichtstraining

Übung 1: Einbeinstand

Im aufrechten Stand wird im Wechsel je ein Bein nach dem anderen in Hüfthöhe angehoben und angewinkelt. Bei dem anderen Bein ist das Knie leicht gebeugt und nicht durchgestreckt und sorgt für Stabilität und Balance. Der Oberkörper sowie der Kopf sind aufgerichtet für eine Grundspannung.

Übung 2: Einbeinstand mit Bewegungen

Aufrechte Haltung, Schulter und Becken stehen horizontal.Die Schulterblätter leicht nach unten-hinten ziehen, die Hände noch nach außen drehen. Das Spielbein ist mäßig abgespreizt. Im aufrechten Stand wird im Wechsel ein Bein leicht angehoben und Kreise in die Luft gemalt. Währenddessen sorgt das andere Bein für Stabilität und Balance und dieses Knie ist leicht gebeugt. Die Augen sind bei dieser Übung geschlossen. Der Oberkörper sowie der Kopf sind aufgerichtet für eine Grundspannung.

Übung 3: Zweibeinstand auf dem Stabilisationstrainer

Die Füße sind hüft- bis schulterbreit parallel oder leicht auswärts gedreht.

Im aufrechten Stand steht man mit beiden Füßen mittig auf einen Stabilisationstrainer . Die Knie sind leicht gebeugt. Die Arme sind gestreckt neben dem Körper, damit man die Balance halten kann. Der Oberkörper sowie der Kopf sind aufgerichtet für eine Grundspannung

Übung 4: Einbeinstand auf dem Stabilisationstrainer

Aufrechte Haltung, Schulter und Becken stehen horizontal.Die Schulterblätter leicht nach unten-hinten ziehen, die Hände noch nach außen drehen. Das Spielbein ist mäßig abgespreizt. Im aufrechten Stand steht man mit einem Fuß mittig auf einen Stabilisationstrainer. Das Knie ist leicht gebeugt. Das andere Bein wird minimal nach vorne gestreckt.Die Arme sind gestreckt neben dem Körper, damit man die Balance halten kann. Der Oberkörper sowie der Kopf sind aufgerichtet für eine Grundspannung

Übung 5: Einbeinstand im geschlossenen Augen

Aufrechte Haltung, Schulter und Becken stehen horizontal.Die Schulterblätter leicht nach unten-hinten ziehen, die Hände noch nach außen drehen. Das Spielbein ist mäßig abgespreizt.Im aufrechten Stand wird im Wechsel je ein Bein nach dem anderen minimal vom Boden angehoben. Bei dem Standbein ist das Knie leicht gebeugt und nicht durchgestreckt und sorgt für Stabilität und Balance. Die Augen sind bei dieser Übung geschlossen. Der Oberkörper sowie der Kopf sind aufgerichtet für eine Grundspannung

Übung 6: Balancieren über eine Linie

Im aufrechten Stand wir über eine Linie balanciert. Dabei müssen die Füße auf der Linie sein. Ein Fuß steht vor dem anderen Fuß auf der Linie. Die Arme werden zu Balance zur Seite gestreckt. Verlässt man die Linie fängt alles von vorne an.

Übung 7: Balancieren über ein Seil

Im aufrechten Stand wird über ein Seil balanciert. Dabei müssen die Füße auf dem Seil stehen. Die Arme werden für die Balance zur Seite gestreckt. Ein Fuß steht immer vor dem anderen Fuß. Verlässt man das Seil muss man von vorne Anfangen.

Übung 8: Balancieren über eine Langbank

Im aufrechten Stand balanciert man über eine Langbank. Die Arme werden für die Balance zur Seite gestreckt. Ein Fuß steht immer vor dem anderen Fuß. Verlässt man die Bank fängt es wieder von vorne an.

Übung 9: Balancieren über eine umgedrehte Langbank

Im aufrechten Stand balanciert man über eine umgedrehte Langbank. Die Arme werden für die Balance zur Seite gestreckt. Ein Fuß steht immer vor dem anderen Fuß. Verlässt man die Bank fängt es wieder von vorne an

Übung 10: Balancieren über ein wacklingen Untergrund (8 Stabilisationstrainer)

Im aufrechten Stand balanciert man über acht Stabilisationstrainer . Die eine Linie bilden. Die Arme werden für die Balance zur Seite gestreckt. Ein Fuß steht immer mittig auf ein Stabilisationstrainer. Verlässt man die Stabilisationstrainer fängt es wieder von vorne an

4.1.1 Detailplanung des Gleichgewichtstraining

Die Übungsauswahl wurde in Abhängigkeit der Personendaten ausgewählt. Die Trainingshäufigkeit besteht aus dem zeitlichen Verfügungsrahmen des Probanden, welches bei zwei Trainingstagen pro Woche ist. Der Umfang des Gleichgewichtstraining beträgt etwa 15-20 min. Bei statischen Übungen im Einbeinstand auf einer instabilen Unterlage sollte wegen des Abfalls der Muskelaktivität (Dohm-Acker et al., 2008, S.52-57) etwa alle 15–20 Sekunden das Bein gewechselt und das belastete Bein gelockert werden. Die Übungen mit dem Stabilisationstrainer sowie im Einbeinstand werden jeweils 2 mal auf jeder Seite wiederholt. Die Übungen bei denen man balancieren muss auf verschiedenen Balanciergeräten werden jeweils 3 mal wiederholt. Die Intensität wird durch die verschiedenen Maßnahme oder durch die verschiedenen Materialien gesteigert. Die Übungsauswahl wurde auf den didaktisch,- methodischen Prinzipien aufgebaut, vom leichten zum schweren, vom einfachen zum komplexen und von bekannten zum unbekannt. Die schwierigen Koordinationsübungen stehen am Anfang des Trainingsplan denn, „Koordinationsübungen erfordern hohe Konzentration, um sie qualitativ gut auszuführen. Deshalb stehen koordinativ schwierigere Übungen relativ am Anfang einer Gesundheitssporteinheit´´ (Kempf, 2014, S.398).

5 Literaturrecherche

Tab. 7: Tabellarische Darstellung zweier Studien über die Effekte eines Dehntraining hinsichtlich auf eine Verbesserung der sportlichen Leistungsfähigkeit (eigene Darstellung)

Studie	Die Auswirkungen von statischem und dynamischem Dehnen auf die „Sprunghöhe", die „10-Yards-Zeit" und die „40-Yards-Zeit"	Effekte des dynamischen Dehnens in Kombination mit sportspezifischer Aktivität auf die Sprungleistung im Basketball
Autoren	Michael Grätz	Gayatri Saraswate, Gajanan Bhalerao, Ashok K Shyam, Parag Sancheti
Publikationsjahr	2010	2018
Forschungsfragen	Beeinflussen unterschiedliches Aufwärmverhalten die sportliche Leistung negativ oder positiv ?	Welchen Effekt haben die Kombination eines dynamischen Dehnens und einer sportartspezifischen Aktivität ?
Stichprobe	Es wurden 20 männliche Division I (entspricht Division III in den USA) American Football-spieler der Lower Austrian Titans als Testpersonen herangezogen.	Insgesamt wurden 40 Spieler ausgesucht, die zwischen 15 und 25 Jahre (Durchschnittsalter 20.72 Jahre) alt und seit mehr als 2 Jahre aktive Basketaller sind. Ebenfalls lagen keine Vorverletzungen bei den getesteten Personen vor
Untersuchungsdesign	Ein statisches und ein dynamisches Dehnprotokoll wurden mittels Counter-Movement-Jump und den 10- und 40- Yards-Sprintzeiten hinsichtlich deren Auswirkungen auf die Schnell- und Explosivkraftfähigkeiten untersucht	Zuerst absolvierten die Spieler ein allgemeines Aufwärmprogramm von 10 Minuten Jogging. Anschließend wurde ein Vertikalsprungtest durchgeführt. Danach setzten die Athleten ein dynamisches Dehnprotokoll um und wurden danach

	Die Probanden hatten jeweils eine Ruhezeit von 4-7 Tagen, bis sie erneut getestet wurden. Innerhalb der letzten 24 Stunden vor den Tests, durften die Probanden keine körperlich anstrengenden Tätigkeiten mit ihren unteren Extremitäten durchführen. Das Aufwärmprozedere war wie folgt aufgebaut: Die Probanden wurden im Cross-Over Design in zwei randomisierte Gruppen eingeteilt. Eine Gruppe vollzog ein statisches, die andere Gruppe ein dynamisches Dehnen. Jede Gruppe machte vor dem Dehnen ein 10-Minuten-Jog-WarmUp. Die Sprunghöhe wurde mittels Kraftmessplatte und die Sprintzeit mittels Lichtschranken ermittelt. Der Counter-Movement-Jump wies einen signifikanten Unterschied hinsichtlich der Sprunghöhe auf. Nach dynamischem Dehnen war der Sprung im Durchschnitt um 2,2 cm (5,5%) höher als nach statischem Dehnen (p = 0,026), (p ≤ 0,05).	wieder im Vertikalsprungtest gemessen. Zum Schluss partizipierten alle Athleten in einem 15-minütigen basketballspezifisches Programm. Dies beinhaltete eine 10-minütige Wurfserie und eine 5-minütige Sprintsession. Auch hiernach wurde ein Vertikalsprungtest aufgezeichnet.
Hauptergebnisse	Dynamisches Dehnen sollte vor einer explosiven und schnellkräftigen sportlichen Belastung angewendet werden. Es wird empfohlen das dynamische Dehnen so kurz wie möglich vor dem Wettkampf zu platzieren, um den bestmöglichen Effekt ausnützen zu können. Es gab eine geringe Verbesserung nach dem dynamischen Dehnen, welche aber statistisch nicht von Relevanz war. Die 10-Yards-Zeiten waren nach dem dynamischen Dehnen im Durchschnitt um 0,03 Sekunden (-1,6%), (p = 0,118) und die 40-Yards-Zeiten auch um 0,03 Sekunden (-0,6%), (p = 0,485) verbessert (p ≤ 0,05).	Eine signifikante Verbesserung der vertikalen Sprungleistung wurde unmittelbar nach dem Dehnen beobachtet (von 41,9 ± 2,30 cm auf 44,06 ± 2,29 cm (p <0,0001)). Nach den 15 Minuten Basketball wurde bei der Sprungleistung keine signifikante Änderung im Vergleich zu den Ergebnissen nach dem dynamischen Dehnen festgestellt (44,37 ± 2,32 cm (p = 0,053)).

6   Literaturverzeichnis

Bohlen, A., Boll, M., Schwarzer, M., Groneberg, A.D. (2014). Body-Mass-Index. *Zentralblatt für Arbeitsmedizin, Arbeitsschutz und Ergonomie (6)*, 417.

Croci, S. (2020) *Blutdruck.* Zugriff am 09.09.2020. Verfügbar unter

https://www.blutdruckdaten.de/lexikon/blutdruck.html

Croci, S. (2019) *Puls Normalwerte.* Zugriff am 09.09.2020. Verfügbar unter

https://www.blutdruckdaten.de/lexikon/puls-normalwerte.html

Gallagher, D., Heymsfield, S. B., Heo, M., Jebb, S.A., Murgatroyd, P.R., Sakamoto, Y. (2000). Healthy percentage body fat ranges: an approach for developimh guidelines based on body mass index. *The American Journal of Clinical Nutrition*, 72 (3), 694–701.

Dohm-Acker M., Spitzenpfeil P., Hartmann, U. (2008). *Auswirkung propriozeptiver Trainingsgeräte auf beteiligte Muskulatur im Einbeinstand. Sportverletzung Sportschaden.* 22(1), 52-57.

Gayatri, S., Gajanan, B., Ashok K. S., Parag, S. (2018). *Effects of dynamic stretching when combined with sports specific activity on jump performance in Basketball players* (6(3):2696-2700). Vizianagaram: Internatioal Journal of Physiotherapy and Research.

Grätz, M. (2010). *Die Auswirkungen von statischem und dynamischem Dehnen auf die „Sprunghöhe", die „10-Yards-Zeit" und die „40-Yards-Zeit* (4-121) Magisterarbeit, Universität Wien.Wien.

Güllich, A., Krüger, M. (Hrsg.). (2013). *Sport Das Lehrbuch für das Sportstudium.* Berlin: Heidelberg.

Hottenrott, K., Neumann, G. (2010). *Trainingswissenschaft. Ein Lehrbuch in 14 Lektionen.* (7 Band). Aachen: Meyer & Meyer Verlag.

Kempf, H.D., (Hrsg.). (2014). *Funktionelles Training mit Hand- und Kleingeräten.* Berlin: Heidelberg.

Wiemann, K., Klee, A. (2000). *Dehnen und Stretching – Effekte, Methoden, Hinweise für die Praxis. Sportpraxis.* 40(4), 37–41.

7 Abbildungs- und Tabellenverzeichnis

7.1 Tabellenverzeichnis